Üzgün Olduğumda

Sam Sagolski
İllüstrasyon: Daria Smyslova

www.kidkiddos.com
Copyright ©2025 by KidKiddos Books Ltd.
support@kidkiddos.com

All rights reserved. No part of this book may be reproduced in any form or by any electronic or mechanical means, including information storage and retrieval systems, without written permission from the publisher, except in the case of a reviewer, who may quote brief passages embodied in critical articles or in a review.
First edition, 2025

Translated from English by Muhtesem Kartoglu
İngilizce aslından çeviren: Muhtesem Kartoglu

Library and Archives Canada Cataloguing in Publication
When I Am Gloomy (Turkish edition)/Shelley Admont
ISBN: 978-1-0497-0344-2 paperback
ISBN: 978-1-0497-0345-9 hardcover
ISBN: 978-1-0497-0346-6 eBook

Bulutlu bir sabah, kendimi üzgün hissederek uyandım.

Yataktan kalktım, en sevdiğim battaniyeme sarındım ve oturma odasına yürüdüm.

"Anne!" diye seslendim. "Kendimi kötü hissediyorum."

Annem kitabından başını kaldırdı. "Kötü mü? Neden böyle söylüyorsun canım?" diye sordu.

Çatık kaşlarımı işaret ederek "Yüzüme bak!" dedim. Annem hafifçe gülümsedi.

"Mutlu bir yüzüm yok bugün." diye mırıldandım. "Beni üzgün olduğumda da seviyor musun?"

"Elbette seviyorum." dedi annem. "Sen üzgünken sana daha yakın olmak, sana sıkıca sarılmak ve seni neşelendirmek istiyorum."

Bu beni biraz daha iyi hissettirdi ama sadece bir anlığına, çünkü sonra bütün diğer ruh hallerimi düşünmeye başladım.

"Yani… Ben sinirliyken de beni seviyor musun?"

Annem tekrar gülümsedi. "Elbette seviyorum!"

"Emin misin?" diye sordum, kollarımı kavuşturarak.

Derin bir nefes aldım. "Peki ya utandığımda?" diye fısıldadım.

"Utandığında da seni seviyorum." dedi. "Arkama saklanıp yeni komşuyla konuşmak istemediğin zamanı hatırlıyor musun?"

Başımı salladım. Çok iyi hatırlıyordum.

"Sonra 'merhaba' dedin ve yeni bir arkadaş edindin. Seninle çok gurur duymuştum."

"Peki ya çok fazla soru sorduğumda da beni seviyor musun?" diye devam ettim.

"Şimdi olduğu gibi çok fazla soru sorduğunda, senin yeni şeyler öğrenip her gün biraz daha akıllı ve daha güçlü hale gelmene tanık oluyorum." diye yanıtladı annem. "Ve evet, seni yine de seviyorum."

"Ya canım hiç konuşmak istemezse?" diye soru sormaya devam ettim.

"Buraya gel." dedi. Kucağına çıktım ve başımı omzuna dayadım.

"Konuşmak istemediğinde ve sadece sessiz kalmak istediğinde, hayal gücünü kullanmaya başlıyorsun. "Yaratıcılığını görmeyi seviyorum." diye yanıtladı annem.

Sonra kulağıma fısıldadı: "Sessiz olduğunda da seni seviyorum."

"Peki ya korktuğumda da beni seviyor musun?" diye sordum.

"Her zaman." dedi annem. *"Korktuğunda, yatağın altında veya dolapta canavar olmadığından emin olmana yardım ederim."*

Sonra beni alnımdan öptü. "Sen çok cesursun tatlım."

Yumuşak bir sesle ekledi: "Ve yorulduğunda üstünü battaniyenle örterim, ayıcığını getiririm ve sana şarkımızı söylerim."

"Ya çok fazla enerjim olursa?" diye sordum, ayağa fırlayarak.

Annem güldü. "Enerji dolu olduğunda birlikte bisiklete bineriz, ip atlarız veya dışarıda koşarız. Seninle bunları yapmayı çok seviyorum!"

"Peki ya brokoli yemek istemediğim zaman da beni seviyor musun?" dedim, dilimi çıkararak.

Annem kıkırdadı. "Brokolini Max'e verdiğin zamanki gibi mi? O çok beğenmişti."

"Sen onu gördün mü?" diye sordum.

"Tabii ki gördüm ve yine de seni seviyorum, öyle yaptığında bile."

Bir an düşündüm ve son bir soru sordum:

"Anneciğim, eğer beni üzgünken ya da kızgınken seviyorsan mutlu olduğumda da seviyor musun?"

Bana yeniden sarılarak "Ah, tatlım, sen mutlu olduğunda ben de mutlu oluyorum." dedi.

Alnımdan öptü ve ekledi: "Mutlu olduğunda da seni, tıpkı üzgün, kızgın, utanmış ya da yorgun olduğunda sevdiğim kadar çok seviyorum."

Annemin yanına sokulup gülümsedim. "Yani... Beni her zaman mı seviyorsun?" diye sordum.

"Her zaman," dedi. "Her ruh hâlinde, her gün, seni hep seviyorum."

Annem konuşurken kalbimde bir sıcaklık hissetmeye başladım.

Dışarıya baktım ve bulutların uzaklaşıyor olduğunu gördüm. Gökyüzü maviye dönmüş, güneş ortaya çıkmıştı.

Görünüşe bakılırsa, her şeye rağmen güzel bir gün olacaktı.

www.ingramcontent.com/pod-product-compliance
Lightning Source LLC
LaVergne TN
LVHW072112060526
838200LV00061B/4874